BIBLIOTHÈQUE DU CHERCHEUR

ROGER HOLLARD

L'INDIVIDUALITÉ EN PÉRIL

ET

SA SAUVEGARDE

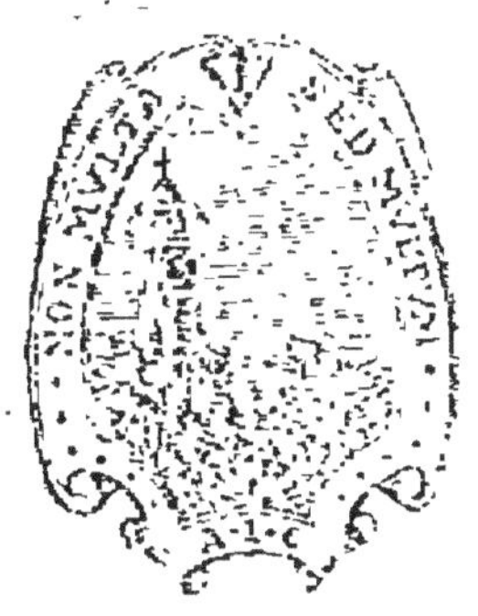

LAUSANNE

ARTHUR IMER ÉDITEUR — LIBRAIRIE F. PAYOT
Belles-Roches.   Rue de Bourg, 1.

PARIS

Librairie Fischbacher, 33, rue de Seine.

L'INDIVIDUALITÉ EN PÉRIL

ET

SA SAUVEGARDE

LAUSANNE. — IMPRIM. AUG. PACHE.

ROGER HOLLARD

L'INDIVIDUALITÉ EN PÉRIL

ET

SA SAUVEGARDE

LAUSANNE

Arthur Imer, éditeur.

1891

AVANT-PROPOS

Cette conférence a été faite à Lausanne, dans
la chapelle de Martheray, le 4 février 1890, à
Paris, dans la chapelle du Luxembourg, le
6 mars 1890 et à Montauban, dans le temple de
la Faculté de théologie, le 25 mai 1891.

La *Petite Bibliothèque du chercheur*, qui veut
bien nous prêter sa publicité, étant éditée à
Lausanne, il est naturel que nous reproduisions ici ce discours, autant que possible, sous
sa première forme, avec les allusions particulières que comportait le milieu même où il a
été prononcé pour la première fois, sans préjudice de quelques développements qui, dès
lors, ont paru nécessaires.

Si le péril que nous avons cherché à signaler et, dans la mesure très modeste de nos moyens, à conjurer, est aussi actuel aujourd'hui qu'il l'était il y a un an, il faut reconnaître qu'il tend à être mieux senti autour de nous. Même certains signes d'une réaction favorable à cet égard sont apparus, ces derniers temps, notamment dans la jeunesse lettrée. Mais ce sentiment est vague encore et cette réaction encore indéterminée dans son orientation. C'est pourquoi il importe plus que jamais de regarder en face le péril dont il s'agit, d'en marquer les conséquences, d'en préciser les causes et d'aller droit aux puissances secourables.

C'est ce que nous avons voulu. Si notre cri d'alarme pouvait éveiller quelque écho et si le mot de ralliement que nous avons prononcé pouvait susciter quelque effort, nous aurions là notre meilleure récompense.

R. H.

L'INDIVIDUALITÉ EN PÉRIL

ET

SA SAUVEGARDE

Mesdames et Messieurs,

Au moment où je vais avoir à vous signaler l'un des périls et, à mon sens, l'un des plus graves, du temps actuel, j'ai à cœur d'écarter un soupçon qui aura pu naître en vous de l'énoncé même du titre de cette conférence et qui, s'il subsistait dans votre esprit, pèserait d'une manière fâcheuse pour vous et pour moi sur tout notre entretien.

Je viens donc vous demander de considérer comme bien entendu entre nous qu'il ne s'agit pas pour moi le moins du monde de venir dénigrer ici le temps où nous sommes et de venir joindre ma voix à ces voix attristées et attristantes qui, fortes surtout des faiblesses et des lâchetés ambiantes, proclament qu'il n'y a rien à attendre ni rien à faire du temps actuel et qui l'opposent, ce temps, soit à un passé qui ne saurait renaître, soit à un avenir qu'elles ne font rien pour préparer.

En aucun temps il n'est permis à un homme, encore moins à un chrétien, de parler ainsi. Mais un tel langage serait particulièrement déplacé quand il s'appliquerait à un siècle qui, en dépit de toutes les misères qui lui appartiennent et de toutes les menaces qui peuvent s'élever à son horizon a, au moins, ces trois traits d'incontestable grandeur, savoir : qu'il a vu éclater, comme aucun autre siècle, la royauté de la pensée et de l'action de l'homme sur les forces de la nature ; qu'il a vu se poser, au moins, en des termes nouveaux et singulièrement pressants, dans la société civile et dans l'Eglise, la question du pauvre, de ses besoins, de sa dignité, de ses droits ; et enfin qu'il a assisté à une nouvelle et puissante marche en avant de la mission chrétienne dans le monde païen.

Quand un siècle a, à son actif, de tels soucis, de telles entreprises et de telles conquêtes, il serait bien léger et bien injuste de se contenter d'en médire. Mais vous conviendrez avec moi qu'il ne serait pas moins léger et pas moins injuste de s'en tenir, à son égard, à une béate admiration et d'en méconnaitre les périls. Il y a eu de très grands siècles qui ont été suivis de siècles très médiocres, même très lamentables. Il y a eu de très grandes années, dans l'histoire de tel peuple, des années glorieuses dans l'ordre de la liberté et de la justice, comme celle, par exemple, dont on célébrait il y a quelques mois, en France et ailleurs, le souvenir séculaire, et qui ont été suivies d'années de servitude et de sang.

Or parmi les périls du temps où nous sommes, il en est un qui me frappe entre tous par sa gravité et par son imminence. Je veux m'attacher d'abord à définir d'une manière aussi sensible que je le pourrai le bien, le bien précieux et absolument nécessaire que ce péril me semble menacer dans son développement et même dans son existence.

I. L'Individualité.

Nous sommes, vous et moi, enfants d'une même famille et, à ce titre, nous en reproduisons tous, en nous, les traits généraux. Toutefois, malgré cette similitude réciproque, il y a entre nous certaines différences physiques et morales. Je ne parlerai que de ces dernières. Parmi les différences morales que l'on peut remarquer entre nous, il en est de plus ou moins générales, qui tiennent soit à la nationalité, soit à la famille, soit au milieu intellectuel, professionnel, religieux ou irréligieux auxquels nous appartenons. Je laisserai aussi de côté, si vous le voulez bien, ces différences-là. Mais il est entre nous d'autres différences encore, et celles-ci ne portent point sur les traits

des groupes divers dont nous faisons partie, elles portent sur certains traits que
chacun de nous a en propre. Or ces traits
constituent à chacun de nous ce que je
puis appeler déjà, en un sens rudimen-
taire et en quelque sorte provisoire, une
individualité.

Nous pouvons négliger en nous cette
individualité ; nous pouvons, par une
sorte d'abdication, nous refuser à la reconnaître, à nous en saisir, à la mettre
en œuvre, et la laisser s'atténuer toujours
plus et bientôt s'effacer sous le niveau de
l'humanité moyenne qui nous environne,
comme la vague de sable du désert s'at-
ténue et s'efface sous le souffle du vent
qui vient à passer sur elle.

Nous pouvons aussi, faute de voir cette
individualité telle qu'elle est, dans l'harmonie de ses divers éléments, faute aussi
de l'employer et de l'employer tout en-
tière dans un sens conforme à sa véritable fin, c'est-à-dire à celui que prescrit la

conscience, la fausser dans notre pensée et dans notre action, en exagérer tel élément aux dépens des autres et aboutir ainsi à je ne sais quelle contrefaçon de nous-mêmes, aussi funeste à nous qu'à autrui.

Nous pouvons, au contraire, arrêter sur cette individualité notre regard, en prendre une claire conscience et une volontaire possession. Nous pouvons prêter l'oreille à la voix mystérieuse qu'écoutait autrefois le sémite Abram dans les plaines de la Chaldée. « Abram, Abram », disait la voix, — et du sein de la masse humaine d'alors un homme se leva et répondit : « Me voici ». Nous pouvons, nous aussi, à cette voix qui nous appelle par notre véritable nom, par le nom que Dieu nous a donné quand il nous a appelé à l'existence, par celui que nous n'avons en commun avec personne, à cette voix, dis-je, nous pouvons répondre : me voici ! Nous pouvons, comme le patriarche, sortir, au moins par un acte intérieur de notre pensée et de notre volonté, sortir de notre pays et de notre parentage, non point, assurément, sans en rien emporter, mais en sachant ce que nous en emportons, en nous l'appropriant par un acte libre; nous pouvons nous constituer en face de ce pays et de ce parentage dans notre indépendance personnelle en attendant que nous retournions à ce milieu de notre origine, mais pour lui imprimer une marque qui l'ennoblira et lui apporter une force qui l'enrichira. Alors nous ne sommes plus seulement des exemplaires de l'humanité ou de notre nation ou de notre famille, alors nous sommes vraiment *des hommes*, c'est-à-dire qu'alors nous avons une *individualité*, non seulement native, cette fois, mais voulue, mais morale, une individualité qui se précisera, qui s'accroîtra en s'exerçant et dont la mise en œuvre profitera non seulement à nous, mais à tous.

Je ne ferai pas ressortir à quel point
la prise de possession et le développement de notre individualité propre sont
liés à notre vocation même, et tout ce qui
s'abaisse, tout ce qui se dégrade, tout ce
qui meurt en nous et autour de nous à
mesure que s'efface ce qui fait de nous
des hommes. Je le ferai d'autant moins
que je parle ici dans la patrie de celui
qui a été, je crois, le plus grand parmi
les défenseurs de l'individualité humaine
en ce siècle, je veux dire dans la patrie
de Vinet et de tant de ses fidèles disciples, dont quelques-uns sont devenus des
maîtres, à leur tour. « Après tout, écrivait
Vinet, l'individualité c'est l'humanité, c'est
la vie. Qui ne vit pas d'une vie individuelle
ne vit pas véritablement et n'offre aux regards déçus que le simulacre d'un être
humain ». [1] « Une société dont l'individualité est proscrite, ajoutait-il, peut être

____

1 *L'Education, la famille et la société,* p. 471.

socialiste, elle n'est point sociale, elle n'est
pas humaine, elle n'est pas une société,
elle manque aux desseins de Dieu ». [1]

C'est ainsi que Vinet répondait d'avance
à ceux qui auraient été tentés d'opposer
l'intérêt de la société à celui de l'individualité et de l'accuser lui-même de dé-
fendre le second aux dépens du premier.
Ces deux intérêts, pour lui, n'en faisaient
qu'un, et à bon droit.

[1] *L'Éducation, la famille et la société*, p. 473.

II. Le Péril.

Eh bien, cette puissance que nous venons de considérer, cette puissance sans laquelle il n'y a ni homme ni société véritables, elle est menacée et attaquée aujourd'hui.

A vrai dire elle l'a été de tout temps. Elle n'a jamais vécu, quand elle a vécu, qu'au prix d'une lutte incessante. C'est même là un des traits fondamentaux de son caractère. Mais les assauts qu'elle a à soutenir aujourd'hui sont peut-être les plus pressants et les plus rudes dont elle ait jamais été l'objet. Ils sont les plus graves, en tous les cas, car ils s'exercent au sein d'une société qui n'est point étrangère aux puissances qui prétendent, entre toutes, restaurer, sauvegarder l'individua lité. Elle a pu, pendant des siècles, mettre ces puissances à l'épreuve. Si une telle société venait à tomber, sans partage, aux mains des puissances destructives de l'individualité humaine, sa condition serait, selon le mot de l'Evangile, « pire que la première ».

Vinet qui, en cette matière, n'a pas été seulement un apôtre, mais un prophète, écrivait, en 1846, dans l'année qui précéda celle de sa mort et à ce sujet même : « Les augures sont funestes; le ciel est noir ».[1] Il ne voyait que trop bien. Si dès lors il est une angoisse qui ait été en grandissant pour les esprits graves, attentifs au présent, soucieux de l'avenir, c'est bien celle qui s'exprime par ce cri que nous avons tous entendu, sinon répété : Nous manquons d'hommes !

*

* *

---

1 *L'Education, la famille et la société*, p. 482.

Parmi les causes qui me semblent s'élever aujourd'hui comme autant de menaces en face de l'individualité humaine, il en est quelques-unes que je ne pourrai guère que signaler.

Ainsi, par exemple, le désarroi des croyances, dans l'ordre philosophique et dans l'ordre religieux, qui est, assurément, un des traits de notre génération et dont la pensée, sinon la foi des chrétiens, ne peut autrement que se ressentir; cette incapacité de tant d'esprits, aujourd'hui, de rien affirmer et de rien nier avec énergie; ce doute qui porte sur tout, même sur lui-même.

Ah! certes, il y a eu de tout temps, en face des croyances et des institutions traditionnelles, des douteurs et des démolisseurs. Il n'en manquait pas, notamment à la fin du dernier siècle. Mais quand les hommes du XVIIIme siècle et de la Révolution doutaient et parlaient de démolir, c'était au moins au nom de quelque affir-

mation ou de quelque négation passion-
née, au nom de je ne sais quel rêve d'un
ordre d'idées et de choses qui devait, pen-
saient-ils, remplacer l'ancien et faire ré-
gner partout ce qu'ils appelaient la liberté
et la justice. Rêve chimérique, tant que
vous le voudrez, rêve auquel certains de
ces hommes ont fait des sacrifices souvent
criminels, mais rêve au fond duquel il y
avait quelque chose qui ressemblait au
moins à cette foi, devenue d'une manière
générale si étrangère aux hommes d'aujourd'hui.

Mais je poursuis et je signale comme se
rattachant au désarroi dont j'ai parlé,
cette abdication de la pensée humaine,
abdication érigée en système par les philosophes les plus écoutés aujourd'hui et
en vertu de laquelle l'homme doit s'arrêter dans les investigations de son esprit,
en deçà de la ligne où se poseraient pour
lui les questions de savoir d'où il vient,
où il va, qui il est, après tout, et ce qu'est

le monde. Là commence pour lui l'*incon-
naissable.*

Eh bien, croyez-vous que l'atmosphère
qui se dégage de ce chaos d'idées, de ces
doutes et de ces interdictions soit favorable
à l'éclosion et au développement de fortes
individualités? Ne sentez-vous pas qu'il
y a dans le brouillard qui pénètre cette
atmosphère une puissance qui menace de
porter le découragement jusqu'au fond de
l'être, là où se prennent les grands élans,
là où l'homme entend la voix mystérieuse
qui le sollicite à être lui-même. Etre *moi* ?
A quoi bon si je ne sais où vous voulez
me conduire ; si j'ignore, si je dois toujours ignorer de quelle puissance bonne,
mauvaise ou indifférente je dépends ; si
rien ne me garantit que bientôt nous
n'irons pas, moi et mon œuvre avec moi,
nous abîmer dans le néant ?

Allez dire à un soldat que vous envoyez
au fort de la bataille et qui vous demande:
Aurons-nous la victoire ? — Je n'en sais

rien ! — La victoire est-elle possible au moins ? — Je n'en sais rien ! — Notre chef est-il sûr ? — Je n'en sais rien ! — Si nous sommes vaincus, aurons-nous au moins sauvé l'honneur ? — Je n'en sais rien ! — Aurons-nous au moins fait notre devoir ? — Je n'en sais rien, je ne sais pas même s'il y a un devoir ! — Allez lui tenir un tel langage et vous verrez quel courage vous lui aurez donné !

*   *
  *

Cette première cause parmi celles qui menacent l'individualité me conduit à vous en signaler une autre à laquelle elle se lie étroitement.

L'âme humaine ne peut rester inactive. Si vous lui fermez les voies qui mènent à l'origine et à la fin de l'homme et du monde, elle se rabattra sur le fait actuel. Vous n'aurez plus alors des philosophes et des moralistes, au sens ancien du mot,

mais vous aurez, sans parler des savants
auxquels nous ferons tout à l'heure une
place à part, vous aurez des hommes qui
étudieront la vie, notamment la vie humaine dans ses manifestations les plus
variées, qui vous fourniront sur ces manifestations, avec un désintéressement
parfait à l'égard de toute idée de but et
notamment de moralité, des *documents*
abondants et précis, — et vous en aurez
d'autres qui soumettront l'âme humaine
aux analyses les plus pénétrantes, parfois
les plus subtiles. Vous aurez, par exemple, des hommes comme Gustave Flaubert, qui passe, si je ne me trompe, pour
le père du roman naturaliste actuel, et
comme Frédéric Amiel. Et si j'ai nommé
ces deux hommes, d'ailleurs si différents
l'un de l'autre, c'est que leur exemple va
me servir à vous montrer à quel point il
est dangereux pour le *moi*, soit de décrire
les faits humains sans jamais se placer
en dehors d'eux pour les juger, en pre-

nant sa règle et son point d'appui dans un ordre de choses qui les domine; — soit de se sonder soi-même, quand cette analyse ne poursuit aucun but en dehors d'elle et qu'elle prétend tout décomposer. Dans un cas comme dans l'autre, il se produit, à la longue, dans l'âme une sorte de vertige. Malheur à elle si elle y succombe. Que ce soit dans le monde extérieur ou en elle-même qu'elle vienne à s'abîmer et à se perdre, le résultat est identique et le naufrage n'est pas moins funeste.

« J'ai envie, écrit Gustave Flaubert, de voler, de nager, d'aboyer, de beugler, de hurler. Je voudrais avoir des ailes, une carapace, une écorce, souffler de la fumée, porter une trompe... me diviser partout, être en tout, m'exhaler avec les odeurs, me développer comme les plantes, couler comme l'eau, vibrer comme le son, briller comme la lumière, me blottir sous toutes les formes, pénétrer chaque atôme, descendre jusqu'au fond de la matière, — être la matière ».[1]

Ecoutez maintenant Amiel : « Rentrer dans ma peau, m'a toujours paru curieux, chose arbitraire et de convention. Je me suis apparu comme boite à phénomènes, comme lieu de visions et de perceptions, comme personne impersonnelle, comme sujet sans individualité déterminée.... et, par conséquent, ne me résignant qu'avec effort à jouer le rôle tout arbitraire d'un particulier inscrit à l'état civil, dans certaine ville et dans certain pays ».[2] « Je me sens caméléon, caléidoscope, protée, muable et polarisable de toutes les façons, fluide, virtuel, par conséquent latent, même dans mes manifestations, absent, même dans ma représentation. J'assiste, pour ainsi dire, au tourbillon moléculaire qu'on appelle la vie individuelle ; j'ai per-

1 G. Flaubert, *La Tentation de saint Antoine,* p. 296.
2 H.-F. Amiel, *Fragments d'un journal intime,* tome II, p. 18.

ception et conscience de cette métamor-
phose constante, de cette mue irrésistible
de l'existence qui se fait en moi ; je sens
fuir, se renouveler, se modifier toutes les
parcelles de mon être, toutes les gouttes
de mon fleuve, tout le rayonnement de ma
force unique ».[1]

Tout Amiel n'est pas là, pas plus que
tout Flaubert n'était dans les paroles que
je citais de lui tout à l'heure. Il n'en est
pas moins frappant de voir le romancier
naturaliste français et l'analyste genevois
aboutir, en leur dédain du *moi*, à la même
conclusion et exprimer cette conclusion
en des termes qu'un Indou n'aurait pas
désavoués.

*   *

Je devrais ici, si j'en avais le temps,
faire une place aux questions qui tou-
chent à l'instruction et à l'éducation de la

1 H.-F. Amiel. Ouvrage cité, tome I, p. 234-235.

jeunesse d'aujourd'hui; nous ne tarderions pas alors, en dépit de bien des progrès réalisés, à reconnaître dans certaines tendances de cette pédagogie, notamment dans la place qu'elle accorde aux faits particuliers aux dépens des principes généraux, et à l'intelligence aux dépens de la volonté, un ensemble de conditions qui ne nous apparaîtraient pas comme les plus propres à préparer une génération de fortes individualités.

*
* *

Il y aurait lieu, également, de signaler ici cette agitation que contribue, aujourd'hui plus que jamais, à entretenir autour des esprits, surtout dans nos grandes villes, la surabondance des productions littéraires et des moyens d'information. A force de se porter successivement et rapidement sur des sujets divers, le *moi* tend à perdre en force et en profondeur ce qu'il gagne en mobilité et en surface. On pourrait ajouter qu'il en est de lui comme de ces matières cristallisables qui ne peuvent acquérir dans leur perfection les formes qui leur sont propres, au sein d'un milieu sans cesse agité. Le *moi* humain ne peut se former que dans le calme.

⁎

Ici, pareillement, trouveraient place certaines remarques, que tout le monde a faites, mais qui n'en sont pas moins vraies pour cela, sur la similitude que la facilité croissante des communications tend à établir entre les idées, les sentiments, les coutumes, aussi bien que sur les costumes, dans les divers pays de l'Europe et du monde.

⁎

Je devrais aussi, pour ne pas être trop incomplet, attirer votre attention sur certaines conséquences qu'une chose excellente en soi, je veux dire le progrès de l'association en matière économique, peut avoir dans l'ordre qui nous occupe.

En vertu de ce progrès, d'ailleurs si désirable, le grand commerce tend, partout, à supplanter le petit commerce. Pour tout résumer en un exemple : aujourd'hui, presque tous les ménages de Paris et, si je suis bien renseigné, beaucoup de ménages de Lausanne, s'approvisionnent d'étoffes et d'autres articles similaires dans les seuls magasins du *Louvre*, du *Bon Marché* et du *Printemps*. Ce que pensent de cette transformation les détaillants de Paris, je pourrais le dire. Ce qu'en pensent les détaillants de Lausanne, je puis le supposer. Mais songez à ceci : le grand commerce est anonyme, de sa nature ; il met en communication la personne de l'acheteur, non point avec la personne du vendeur, mais avec une raison sociale représentée par des employés auxquels on ne demande qu'un *minimum* d'initiative et de responsabilité. De là tout un ordre de rapports de personne à personne qui tend à disparaître de la société; de là, ce me semble, en dépit des avantages incontestables du système, un danger de plus pour le rôle et la force de l'individualité, au temps actuel.

Je ne puis qu'indiquer ces éléments de notre sujet, et les livrer à vos réflexions.

J'en viens maintenant à deux puissances, plutôt aux deux puissances, parfaitement légitimes, nécessaires, respectables en elles-mêmes et à leur rang, que l'on a nommées les deux reines du temps présent, mais qui, par la royauté même qu'on leur attribue, par tout ce que l'on tend à leur livrer de ce qui ne leur appartient pas, constituent pour l'homme lui-même, pour son caractère, pour son *moi*, un double et redoutable danger. Je veux parler d'une part de la *science*, et de l'autre, de la *démocratie*.

*
* *

La *science*, d'abord. Vous savez quelle est la tendance la plus marquée de la science, aujourd'hui. Vous savez quel est le mot qui caractérise le mieux ses découvertes les plus considérables et ses hypothèses les plus répandues. Ce mot est celui-ci : *évolution ;* évolution, c'est-à-dire transformation successive d'une force identique à elle-même ; évolution dans l'ordre purement physique, d'abord, évolution en vertu de laquelle le mouvement devient chaleur, lumière, électricité : et le torrent du Giessbach, par exemple, éclairera peut-être un jour les rues de Lausanne ; évolution dans l'ordre chimique, évolution en vertu de laquelle des atômes dont le nombre et le poids, au moins, restent invariables, forment, par les façons diverses dont ils se combinent entre eux, la série indéfinie des corps connus et inconnus ; évolution de l'ordre physique et

chimique jusqu'à l'ordre de la vie et, dans
cet ordre même, évolution par laquelle
la cellule végétale élémentaire devient
la plante, la plante l'animal, l'animal
l'homme, l'homme physique, au moins ;
— et pour expliquer ces transformations
successives, une seule cause invoquée, la
force, la force mécanique, permanente,
identique à elle-même, à la fois agent et
matière de ces transformations.

Ici s'arrêtent les naturalistes, quand ils
se bornent à faire œuvre de naturalistes,
quand ils ne cèdent pas à ce vertige auquel l'homme est sujet dans toutes les
spécialités et qui le porte, une fois en
possession d'un fait ou d'une hypothèse
qui explique, à ses yeux, les faits qui sont
de son domaine, à se figurer qu'il tient
la clef de l'énigme universelle. Car alors
ils vont plus loin, les naturalistes, et, en
tous cas d'autres, qui ne sont pas des
naturalistes, vont plus loin et ajoutent :
évolution de l'homme physique à l'homme

moral, de la sensation à l'intelligence, à la raison, à la volonté, à la conscience, au génie; dans toute l'histoire et de l'homme individuel et de l'humanité, une seule force à l'œuvre, sous des formes diverses et sous des noms divers, force permanente, à laquelle aucune puissance au monde ne peut ni ajouter ni retrancher et dont la direction est déterminée par des lois mécaniques dont notre seule ignorance nous empêche de prévoir tous les effets. [1]

Dans ce que je viens de rappeler, il y a deux choses. Il y a d'abord une théorie scientifique, — puis il y a, comme prolongement de cette théorie scientifique, une

1 Il résulte de ces termes mêmes que nous mettons ici hors de cause les divers essais tentés de nos jours pour mettre d'accord l'hypothèse de l'évolution et le spiritualisme théiste et même chrétien ; car pour ce spiritualisme toute force cosmique est elle-même expliquée et dominée par une force surnaturelle de laquelle dépend toute la nature.

tentative d'explication générale de l'un
vers, l'homme y compris.

Je me garderai bien de juger cette théo
rie scientifique, et cela pour plusieurs ra
sons, notamment à cause de ma parfait
incompétence en pareille matière. Je n
puis songer non plus à faire ici la critiqu
de la philosophie que l'on a prétendu éta
blir sur la théorie scientifique que j'a
essayé de rappeler. Je reconnais, san
difficulté, qu'il est très difficile d'y plon
ger quelque temps sa pensée sans en su
bir, en quelque mesure, le charme, qui e
ce charme particulier qui s'attache né
cessairement, pour la raison, à un sy
tème quand il est très simple dans so
principe et très grand par l'immensit
des choses qu'il prétend expliquer. Ma
je veux rester dans mon sujet, déjà bie
assez vaste, et je demande : Dans ce sy
tème, que devient l'homme et son ind
vidualité ?

Je pourrais demander déjà : Que devie

le *droit* de l'homme individuel ? Il me suffirait, pour éprouver quelque angoisse en posant cette question, de me rappeler certaines déclarations par lesquelles les représentants les plus en vue du système reprochaient au christianisme de pousser, par ses préceptes de charité, à entretenir artificiellement dans la société des êtres débiles qui ne peuvent qu'affaiblir l'ensemble de la race, et tenaient à leur égard un langage digne de directeurs de haras. Car enfin, ces êtres débiles, ce sont des hommes aussi, et parfois ces hommes sont grands, témoin Pascal ; et « qui sait, a-t-on pu demander, si dans une société construite d'après les règles de cette science, Pascal, le faible et maladif Pascal, aurait obtenu le droit à l'existence et au génie ? »[1]

Mais je demande : Que devient l'*action* personnelle de l'homme, dans ce système dont les chaînons sont si étroitement rivés

---

1 Voir E. Caro, *Études de morale sociale*, p. 150.

l'un à l'autre , où tout résulte de la force
mécanique, où le plus grand est toujours
expliqué par le plus petit, la vie par la
matière, l'homme par l'animal, la raison,
la conscience, par la sensation, où l'histoire est sans cesse assimilée à l'histoire
naturelle, [1] où il s'agit continuellement de
l'adaptation de l'homme à son milieu et
jamais de l'adaptation d'un milieu à
l'homme et par l'homme ? Quelle place y
aurait-il dans cet immense et fatal enchaî-
nement pour l'un de ces hommes qui se
lèvent au milieu de l'humanité de leur
pays et de leur temps comme des puissances qui la dominent, qui protestent
seuls contre des maux universellement
acceptés et apportent à leur génération
un capital nouveau de pensées et de ver-
tus qui porteront leurs fruits de siècle en
siècle et pour lequel les béniront les gé-

[1] Voir Paul Mougeolle, *les Problèmes de l'histoire*
p. 199.

nérations à venir ? Quelle place pour un
Socrate, pour un Élie, pour un saint Paul,
pour un Luther, sans parler de celui qui
est à la fois, pour le chrétien, un homme
et plus qu'un homme — sans parler du
Christ ? Quelle place pour ces hommes et
pour tant d'autres, moins éclatants, que
nous avons appris à admirer comme les
premiers, les plus humains, comme ceux
qui, par le fait qu'ils tranchaient avec
leur milieu, qu'ils lui apportaient quelque
chose que ce milieu n'avait pas, nous
sont apparus comme les grands agents
du progrès dans le monde ? Quelle place
pour ces grandes œuvres littéraires, où
l'on voit s'agiter l'âme humaine dans sa
lutte tragique avec les passions et les
événements ? Imaginez-vous une tragédie
de Corneille, *Polyeucte*, par exemple,
conçue au point de vue de la perma-
nence de la force et de sa direction dans
la ligne de la plus forte impulsion et de
la moindre résistance ?

En vérité, cette place de l'homme vraiment individuel, je ne puis la trouver dans un monde et une humanité conçus de la sorte, et je ne suis pas le seul à éprouver une telle impuissance. Ecoutez là-dessus l'un de nos critiques les plus pénétrants, l'un de ceux qui, assurément, ont le mieux compris l'âme de leur siècle, écoutez M. Paul Bourget : « Quand Pascal, écrit-il, constatait avec un tremblement passionné de tout son être qu'une goutte d'eau suffit à nous tuer et que nous sommes à la merci de ce stupide univers qui nous emprisonne, il se relevait aussitôt et toute notre espèce avec lui, en opposant l'ordre de l'esprit et l'ordre du cœur à cet univers aveugle et impassible qui peut nous broyer mais qui ne peut que cela. Hélas, où donc prendre cet ordre du cœur, où cet ordre de l'esprit, si même nos sentiments et nos pensées sont des produits de cet univers, si notre moi nous échappe presque à nous-même, sans cesse envahi par les ténèbres de l'inconscience, sans cesse à la veille de sombrer d'un naufrage irréparable dans le flux et le reflux de la morne et silencieuse marée des phénomènes dont il est le flot ? Ah ! pas même un flot, mais un des imperceptibles atómes de la poussière d'écume que le vent disperse à travers le vide infini ».[1]

Voulez-vous une autre expression, moins dramatique peut-être, mais plus nette encore et tout aussi triste de la même pensée ? Ecoutez Edmond Schérer, exposant ce qui lui apparaît, à lui aussi, comme la conséquence nécessaire de la même conception de l'univers : « On ne peut se figurer une révolution plus complète des notions qui passaient jusqu'ici pour élémentaires. La conscience humaine en serait altérée dans son fond, même dans son principe. L'homme moral, l'être responsable aurait disparu pour faire place à un

1 Paul Bourget, *Essais de psychologie contemporaine,* p. 235 et 236.

produit de la nature. Il ne serait plus ce qu'il doit mais ce qu'il peut. Il n'agirait plus, il se regarderait agir. Il ne voudrait plus, il se verrait vouloir. La seule différence entre lui et l'animal serait qu'il se sent vivre, aimer, souffrir et qu'il sait qu'il le sent. Mais qui ne voit qu'ainsi entendue la personnalité est sur le point de s'évanouir ? Elle n'a plus que la valeur d'une impression. L'entité humaine, le moi substance, l'*ego* a disparu. La vie ressemble à une flamme qui se saurait lumineuse ; mais on souffle la bougie et où donc est la flamme ? » [1]

S'il ne s'agissait ici que d'un système dont l'exposition serait confinée dans les leçons et dans les livres des philosophes, nous ne serions pas si alarmé. Mais il s'agit d'un système qui a depuis longtemps dépassé ces cadres-là. On en retrouve le développement ou tout au moins les

1 E. Schérer, *Études sur la littérature contemporaine,* vol. VIII, p. 164, 165.

traces dans les Revues que lit la classe lettrée et dans les journaux, même dans les petits journaux, que tout le monde lit. Et c'est là surtout qu'il s'affirme ! Avec quel accent de triomphe, avec quel dédain pour les arriérés qui ont l'esprit trop imbécile pour le comprendre, avec quelle absence de preuves et avec quelles conséquences ! Ce système, — mais il a marqué de son empreinte notre langue, même notre langue populaire. Ce ne sont partout qu'*évolution, adaptation, intégration, sans compter sélection, combat pour la vie*... que sais-je encore ? Ce système a créé autour de lui comme une atmosphère que tout le monde respire aujourd'hui quelque peu, même ceux qui n'ont jamais lu une ligne de Darwin, d'Herbert Spencer ou de Mme Clémence Royer, et qui ignoreront à toujours leur existence.

Ce qui est plus grave encore, c'est que le roman s'est emparé de cette théorie, c'est qu'avec lui elle a passé du domaine des idées dans celui des passions. Et alors nous avons eu, sous le nom de *roman expérimental* et sous l'invocation de la science nouvelle, cette littérature de chair et de sang où, en des livres dont les exemplaires se comptent par centaines de milliers et les lecteurs par millions, on nous donnait le bulletin monotone de la défaite toujours répétée et toujours justifiée de la volonté humaine, — en attendant que nous retrouvions cette même déroute et ces mêmes chutes devant les cours d'assises et chez des assassins de seize ans !

Et l'on veut que nous considérions d'un œil tranquille cette marée qui monte! On veut que nous ne nous demandions pas, pleins d'angoisse, ce qu'il resterait de l'homme quand elle nous aurait envahis, et que nous ne protestions pas, non seulement au nom de la conscience mais au nom de la science, qui est grande, en elle-même, et qui n'a pas mérité qu'on lui fasse cette avanie de lui assigner pour mission de déshonorer l'humanité !

* * *

J'en viens maintenant à la *démocratie*. Je n'en dirai pas de mal ; cela non seulement parce qu'elle est inévitable, parce que celui qui, aujourd'hui, tenterait d'en arrêter le cours aurait tout juste le même succès que celui qui tenterait d'arrêter avec un brin de paille un train de chemin de fer lancé à toute vitesse, — mais encore parce qu'elle est juste dans son principe qui est celui-ci : savoir qu'un peuple a le droit de disposer de lui-même.

J'irai même plus loin, et je reconnaîtrai que la démocratie, moderne, au moins, est née d'une revendication du droit et de la dignité de l'homme individuel.

Il n'en est pas moins vrai que la démocratie constitue tout un ordre de dangers pour l'individualité humaine, et c'est, ce me semble, aux amis de la démocratie qu'il appartient surtout de voir ces dangers et de les signaler.

La démocratie n'est pas un système abstrait, elle est un pouvoir. Ce pouvoir est, en définitive et quelle que soit la manière dont la démocratie soit organisée, celui de la masse ou, si l'on veut, de la majorité numérique des citoyens de la nation. Légalement ce pouvoir est absolu, c'est-à-dire qu'il est sans limite et sans responsabilité. Où verriez-vous la limite de ce pouvoir? Dans une constitution ? C'est le peuple, dans sa majorité, qui fait et défait les constitutions. Devant quel autre pouvoir ce pouvoir serait-il responsable ? Assurément ce pouvoir peut se déléguer. Les délégués de ce pouvoir, savoir les ministres, le parlement, sont responsables, eux. Les ministres sont responsables devant le parlement, le parlement est responsable devant le peuple. Mais le

peuple, devant qui est-il responsable?
Devant personne, à moins que ce ne soit
devant la conscience et devant Dieu. Mais
ici il ne s'agit plus de légalité. C'est ainsi,
singulière rencontre, que sur le terrain de
la politique moderne, comme sur celui de
la philosophie en vogue, tout n'est que
résultat, aboutissement d'une force unique, qui ne fait que se transformer. Nous
sommes ici, comme tout à l'heure, en
plein *monisme.*

Et vous ne verriez pas là une menace,
au moins pour le droit de l'individu?

C'est cette menace qu'a si bien signalée
M. Ch. Secrétan dans son livre si pathé-
tique sur *la civilisation et la croyance.*
« Les théoriciens, écrit-il, auront beau
tracer autour de chaque personne individuelle un cercle de droit dit naturel et
crier à la loi : tu ne pénètreras pas dans
cette enceinte; la démocratie ira partout,
fouillera tout et, si l'on résiste, écrasera
tout, car enfin qui pourrait l'en empê-

cher ? Uniquement un frein intérieur qu'elle n'a jamais porté ».[1]

Mais ce n'est pas seulement dans l'exercice extérieur de ses droits que la démocratie menace l'homme individuel; c'est en lui-même, dans ce qui le constitue comme individu, ayant son caractère et son action propres. Cela en vertu de cette tendance qu'a la masse de jalouser t de supprimer, s'il se peut, tout ce qui dépasse sa propre moyenne, tout ce qui ne lui apporte pas un profit sensible et immédiat. Or dans aucun pays du monde la masse numérique de la nation ne saurait offrir une majorité d'hommes à longue prévision et considérables par leur savoir, leur sens artistique, leur vertu, leur foi religieuse. Jugez dès lors des conséquences qui pourraient se produire le jour où cette masse numérique, ayant pris conscience de sa force et résolue à l'exer-

---

1 Ch. Secrétan, *La civilisation et la croyance*, p .30.

cer, autant qu'il se peut, sans intermédiaire, voudrait étendre sur tous les citoyens son propre niveau. Nous aurions alors cet état dont Tocqueville avait comme une vision anticipée lorsqu'il écrivait : « Je promène mes regards sur cette foule innombrable composée d'êtres pareils, où rien ne s'élève ni ne s'abaisse. Le spectacle de cette uniformité universelle m'attriste et me glace ».[1]

C'était là une prévision, mais une prévision que plus d'un fait, dans le passé, justifiait déjà. « Est-ce que les nations libres, disait Bouquier, à la Convention, ont besoin d'une caste de savants égoïstes et spéculatifs dont l'esprit voyage constamment dans la région des songes et des chimères ? »[2] « La république n'a pas besoin de savants »,[3] s'écriait le président

1 Tocqueville, *la Démocratie en Amérique,* 4me partie, ch. VIII, p. 374, 3e édition.

2 Académie des sciences, séance publique du 30 décembre 1889. *Eloge de Lavoisier,* par M. Berthelot.

3 *Ibid.*

du tribunal révolutionnaire qui allait envoyer le grand chimiste Lavoisier à l'échafaud.

Une fois engagé dans cette voie, on va loin. La république n'a pas besoin de savants ? — pourquoi aurait-elle besoin davantage d'hommes de conscience et d'hommes de foi? Ces gens-là sont parfois bien plus gênants encore que les savants!

Ah! sans doute, l'individu peut résister à ces menaces. Il peut résister aussi à ce qui est plus dangereux encore que ces menaces, à cette atmosphère d'universelle médiocrité que de telles menaces supposent et entretiennent. Il peut même grandir en raison de ces menaces et dans cette atmosphère. Hélas, il peut aussi défaillir, et puisqu'il trouve si peu d'encouragement à être un homme et qu'il en coûte tant pour cela, il peut abdiquer comme individu et se laisser aller au courant qui passe. En tous les cas il faut, ce me semble, moins d'héroïsme pour résister en face à un homme, quelque puissant qu'il soit, que pour résister à une grande masse anonyme qui vous déborde de toute part et dans les profondeurs de laquelle la voix de celui qui proteste se perd sans même avoir d'écho.

III. La Sauvegarde.

Je ne sais, Mesdames et Messieurs, s'il en est en ce moment de vous comme de moi; mais il me semble que j'ai l'âme comme dans un étau. J'éprouve quelque chose de pareil à ce que doit ressentir l'homme qui vient de marcher longtemps, tout courbé, dans la galerie d'une mine obscure, à quelques milliers de mètres au-dessous de la surface du sol. J'ai besoin de me redresser, de respirer un autre air et de me retrouver moi-même à la lumière du soleil. Quoi qu'il en soit, j'ose vous demander encore quelques moments pour que nous puissions orienter, au moins, notre esprit vers les régions où nous trouverons la sauvegarde de ce *moi*

que nous venons de voir menacé, traqué,
enserré de toute part.

Si j'avais à exprimer, d'une manière
résumée, où est surtout le péril pour
l'homme individuel, je dirais que ce péril est surtout dans le commerce exclusif
ou, au moins, prépondérant, de l'homme
avec les puissances impersonnelles de la
nature et de l'humanité. Cela posé, il me
semble que la sauvegarde de l'individualité apparaît d'elle-même. Elle sera dans
le commerce de l'homme avec les puissances de l'ordre personnel.

*
* *

Je pense ici d'abord à la puissance qui
est la première en date que l'homme
rencontre dans la vie, je veux dire à la
puissance du père et de la mère, à la puissance de *la famille*. C'est là, dis-je, c'est
au foyer, c'est dans son atmosphère d'au-

torité et de liberté, de tendresse et de respect, — respect de l'enfant pour le père et la mère, mais respect aussi du père et de la mère pour l'âme sacrée de l'enfant, — c'est là que se forme, que grandit, que s'épanouit, loin des puissances jalouses et méchantes qui l'écraseraient dans son germe, l'homme avec son *moi*, avec son nom, avec le nom qu'il a en commun avec son père et sa mère, avec ses frères et ses sœurs, mais aussi avec le nom qu'il a en propre et qui est, pour les siens, comme le symbole d'un caractère qui ne peut et ne doit se confondre avec aucun autre. Ah ! donnez-nous des familles, de vraies familles, et déjà nous aurons des hommes dignes de ce nom.

Elle était bien imparfaite, la famille, dans la vieille Rome païenne, et pourtant elle y existait, avec le père, prêtre et juge dans la maison, avec l'épouse unique, avec la mère éducatrice de ses enfants, avec son autel domestique et son respect

pour les ancêtres, protecteurs du foyer;
et c'est bien là sans doute une des rai-
sons pour lesquelles Rome, toute païenne
qu'elle fût, Rome qui a fait tant d'escla-
ves, a produit tant d'hommes de caractère.

Je pense ensuite au commerce que notre
esprit peut entretenir avec le souvenir des
hommes forts qui ont vécu dans le passé,
pour ne point parler de ceux que l'on peut
rencontrer dans le présent. Que d'hommes
ont dû à ce commerce l'éveil et comme la
découverte de leur individualité propre,
que d'hommes ont pris conscience et possession de leur caractère et de leur vocation à la lumière qui avait jailli pour eux
d'une parole, d'un acte émané d'un homme
qui avait marqué dans l'histoire d'un peuple ou seulement d'une famille. A défaut
d'autre culte, le culte des héros, tel que le

pratiquait la Grèce ancienne, vaut mieux
pour former l'homme individuel que le
culte des puissances aveugles et incon-
scientes.

*
*   *

Mais au-dessus de ces puissances per-
sonnelles et de toutes les puissances per-
sonnelles, il y a Celui d'où vient toute vie
personnelle, Celui sans lequel il n'y aurait
rien, dans tout l'univers, qui ressemblât à
une personne — ni à une famille non plus.
« Je fléchis les genoux, » écrit saint Paul;
« devant le Père... duquel tout ce qui est
famille, dans les cieux et sur la terre, tire
son nom ».[1] C'est de Dieu que je parle,
du Dieu qui pense, du Dieu qui veut, du
Dieu qui aime, du Dieu qui parle, du Dieu
qui est en un rapport vivant avec toute
son œuvre et en un rapport personnel

1 Ephésiens, III, 15.

avec tous les esprits personnels qui viennent de lui.

Oui, Dieu, voilà la source, voilà la sauvegarde de la personne humaine, et voilà, en un sens plus étroit, la source et la sauvegarde de ce qui, dans la personne humaine, lui appartient en propre, de ce qui la constitue comme une individualité.

C'est là non seulement un article de la foi religieuse des chrétiens, mais encore l'effet d'une des lois générales qui gouvernent le monde. Dans le monde de l'inconscience déjà, la vie ne vient jamais que de la vie. Nous affirmons de même que seule la personne engendre la personne et la soutient.

L'expérience confirme avec évidence cette loi en ce qui touche la personne humaine et la personne divine.

Partout où le Dieu personnel et vivant a été invoqué avec ferveur et servi avec fidélité, partout ont surgi des caractères individuels fortement marqués.

Rappelez-vous le vieux peuple d'Israël et, dans ce peuple, rappelez-vous les *prophètes*. Ah! certes, voilà des hommes! Ce n'est pas leur milieu qui les a faits, ceux-là. Leur milieu! Vous savez ce qu'il était lorsqu'ils venaient à y surgir. C'était le milieu de l'idolâtrie dans le culte et dans les mœurs ou c'était le milieu d'un formalisme exact, mais sans foi véritable, sans justice, sans amour et sans vie. Et dans ce milieu un homme apparaissait, sans aucun titre humain, sans aucune puissance extérieure, pauvre, presque toujours, parfois vêtu d'une peau de bête comme un berger. Cet homme se dressait aux yeux de tous comme l'acte vivant de la présence, au milieu de son peuple, du grand oublié, l'Eternel; comme l'incarnation de la justice outragée et de l'espérance abandonnée. Sa voix éclatait comme un tonnerre — ou résonnait doucement comme le murmure de la première brise du printemps. A cette voix, le peuple

infidèle, les prêtres, le roi lui-même,
pâlissaient, les opprimés se relevaient
et reprenaient courage, surtout, quand
étendant la main, le prophète leur mon-
trait dans le lointain, au delà des ténèbres
du présent et des tempêtes de l'avenir,
l'aurore blanchissante du jour de Dieu,
du jour de la délivrance, de la paix et de
la justice.

D'où venait-il celui-là, si ce n'était d'au-
près de Dieu même, dont seul parfois, au
milieu du peuple infidèle, il représentait
la pensée, la volonté, la puissance?

Plus tard le Christ paraît. Je pourrais
demander aussi : D'où venait-il? Je passe
sur cette question. Sa grandeur même
m'interdit de me contenter de l'effleurer.
Je remarquerai seulement que toutes les
tentatives imaginées jusqu'ici pour expliquer le Christ par son milieu ont misé-
rablement échoué et n'ont eu d'autre effet
que de se détruire les unes les autres.
Mais quand le Christ fut venu, quand il

eut accompli son œuvre et avant même
qu'il eût achevé de l'accomplir, on vit
surgir de la masse anonyme et méprisée
des bateliers, des artisans et des péagers
de la Galilée et de la Judée et du milieu
même des pharisiens emprisonnés dans
leurs préjugés séculaires — des hommes
qui, avec la foi qui leur était commune,
représentaient chacun, avec un relief sin-
gulier, une puissance à la fois humaine
et divine. Comme ils se ressemblaient et
comme, en même temps, ils se distin-
guaient les uns des autres! Comme ils
appartenaient tout entiers à leur Maître
et à leurs frères, mais comme chacun
aussi s'appartenait à lui-même ; comme
le don qu'il apportait au trésor commun
portait bien sa marque, à lui, et quelle
magnifique et pleine harmonie naissait
de cette diversité même! Jamais Dieu ne
s'était approché comme alors de l'humanité, mais aussi jamais on n'avait vu surgir dans l'humanité autant d'*hommes* di-

gnes de ce nom. Oui, c'étaient des hommes que ces premiers disciples du Christ! Un homme, ce saint Jean, ce *fils du tonnerre,* ardent dans son ambition, dans sa colère, dans ses sympathies, en attendant qu'il devînt l'homme de la plus tendre, mais aussi de la plus ardente charité. Un homme, ce saint Pierre, avec ses élans passionnés et ses subites défaillances, mais bientôt, au milieu de son peuple, le héros de la plus sainte indépendance, le phare tout allumé de l'espérance qui ne confond point! Un homme, ce saint Paul, avec son orgueil brisé, avec ses faiblesses qui deviennent dans la main de son Dieu des forces victorieuses, avec ses larmes qui ont engendré tant d'âmes à la vie nouvelle! Des hommes, tant d'autres que nous pourrions et que nous ne pourrions pas nommer, mais qui, ensemble, ont fondé sur les ruines de l'ancien monde un monde nouveau! Et plus tard, quand le paganisme et le pharisaïsme renaissants curent relevé dans l'Eglise, sous des noms chrétiens, les anciennes barrières qui séparaient l'homme de son Dieu ; quand d'une société de croyants, sacrificateurs et rois, qu'elle était, l'Eglise fut devenue, dans sa masse au moins, un grand troupeau courbé sous le niveau d'une hiérarchie ; quand, de l'asile sacré de la dignité humaine, elle en fut devenue le plus sûr et le plus discret des tombeaux, — et quand, à la grande voix des Réformateurs, ces barrières se furent abaissées, ce tombeau se fut ouvert et les hommes eurent été rendus à la parole et à l'étreinte de leur Dieu, — quels hommes on vit surgir alors, et quelle race d'hommes !

Il en a toujours été ainsi. C'est la grande loi. Rendez l'homme à son Dieu, vous le rendez à lui-même. Vous le rendez en même temps à la société humaine. Ces deux choses se tiennent, en effet. L'Evangile du Christ qui a été la plus grande de toutes les puissances qui aient émancipé l'individu, a été en même temps et par là même, la plus grande puissance sociale que le monde ait jamais connue et qu'il doive jamais connaître.

Cet homme que vous aurez rendu à la société, y travaillera à son tour à y former des hommes ; des hommes qui n'iront pas demander le secret de leur origine et de leur vocation, ni la règle de leur vie à la nature que Dieu leur a donnée pour domaine, mais au Dieu qui, après avoir formé l'homme de la poussière de la terre, a « soufflé en lui un souffle de vie » ; et j'ajoute : des hommes qui ne travailleront pas à s'écraser les uns les autres, mais à se porter les uns les autres, au Dieu de la liberté, de la justice et de l'amour.

Former des hommes, — n'est-ce pas là l'œuvre même assignée à l'humanité ? N'est-ce pas là le but suprême de Dieu dans l'œuvre de la création et dans l'œuvre de la Rédemption ? Les sociétés passent, les nations passent, les églises passent, — les hommes demeurent. Mais ils demeurent pour constituer, avec Dieu, à jamais, cette société éternelle où chacun a sa place marquée, où chacun élèvera la voix, accomplira l'œuvre qui lui est propre, pour le bien de tous et pour la gloire de Dieu.

PETITE BIBLIOTHÈQUE DU CHERCHEUR

fondée et dirigée par M. A. Imer-Cuno, à Lausanne.

Collection de volumes petit in-16
traitant des questions scientifiques, morales
et religieuses.

*Se trouve dans les principales librairies de la Suisse,
et à Paris, chez Fischbacher, 33, rue de Seine.*

VOLUMES PARUS :

PRIX FR.

Hollard, Roger. L'individualité en péril et sa
  sauvegarde . . . .   — 60
Naville, Ernest. La philosophie et la religion .   — 60
  — La condition sociale des femmes, étude
  de sociologie 1 20
Secrétan, Charles. Théologie et religion . . .   — 60
  — La question sociale . . . .   — 60.

En Suisse, tout envoi de deux volumes au moins
est expédié **franco** contre remboursement; — pour
les pays faisant partie de l'Union postale, tout envoi
est également exécuté **franco** contre payement préalable de la valeur en timbres-poste ou par mandat
postal.

Adresser les demandes à **Arthur Imer, éditeur**
à **Lausanne.**

Documents manquants (pages, cahiers...)
NF Z 43-120-13